Impressum
Verlag: BABADADA GmbH, Nedderfeld 112 , 22529 Hamburg
Geschäftsführer / Verlagsleitung: Harald Hof
Druck: Books on Demand GmbH, In de Tarpen 42, 22848 Norderstedt

Imprint
Publisher: BABADADA GmbH, Nedderfeld 112 , 22529 Hamburg, Germany
Managing Director / Publishing direction: Harald Hof
Print: Books on Demand GmbH, In de Tarpen 42, 22848 Norderstedt, Germany

de School

iskola

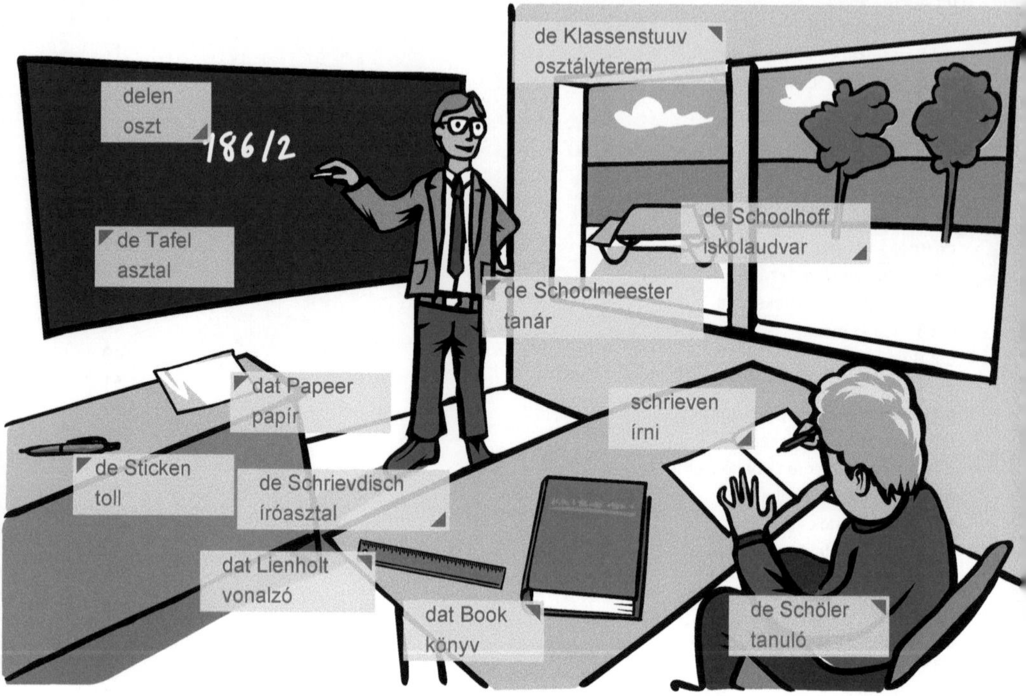
de Klassenstuuv
osztályterem
delen
oszt
186/2
de Tafel
asztal
de Schoolhoff
iskolaudvar
de Schoolmeester
tanár
dat Papeer
papír
schrieven
írni
de Sticken
toll
de Schrievdisch
íróasztal
dat Lienholt
vonalzó
dat Book
könyv
de Schöler
tanuló

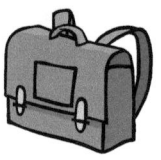

de Ranzel
....
iskolatáska

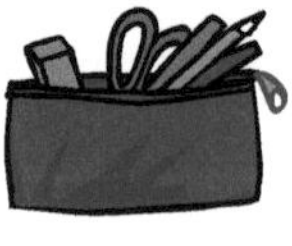

de Feddermapp
....
tolltartó

de Bleesticken
....
ceruza

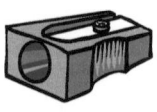

de Scharpmaker
....
ceruzahegyező

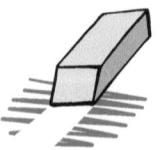

dat Radeergummi
....
radír

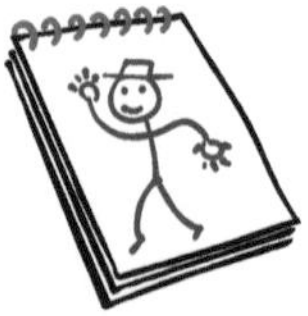

de Tekenblock
....
rajzfüzet

de Teken

rajz

de Pinsel

ecset

de Malkassen

festőkészlet

de Scheer

olló

de Klever

ragasztó

dat Heft to'n Öven

munkafüzet

de Huusopgaav

házi feladat

de Tall

szám

tohooptellen

összead

aftrecken

kivon

malnehmen

szoroz

reken

számol

de Bookstaav

betű

dat ABC

ABC

dat Woort

szó

de Text

szöveg

lesen

olvasni

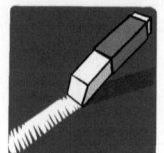

de Kried

kréta

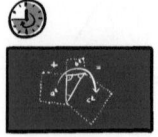

de Stunn

tanóra

dat Klassenbook

napló

de Pröven

vizsga

dat Tüügnis

bizonyítvány

de Schooluniform

iskolai egyenruha

de Utbillen

oktatás

dat Nakieksel

enciklopédia

de Universität

egyetem

dat Mikroskop

mikroszkóp

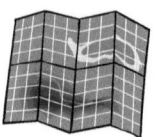

de Koort

térkép

de Papeerkorf

papír-hulladék gyűjtö

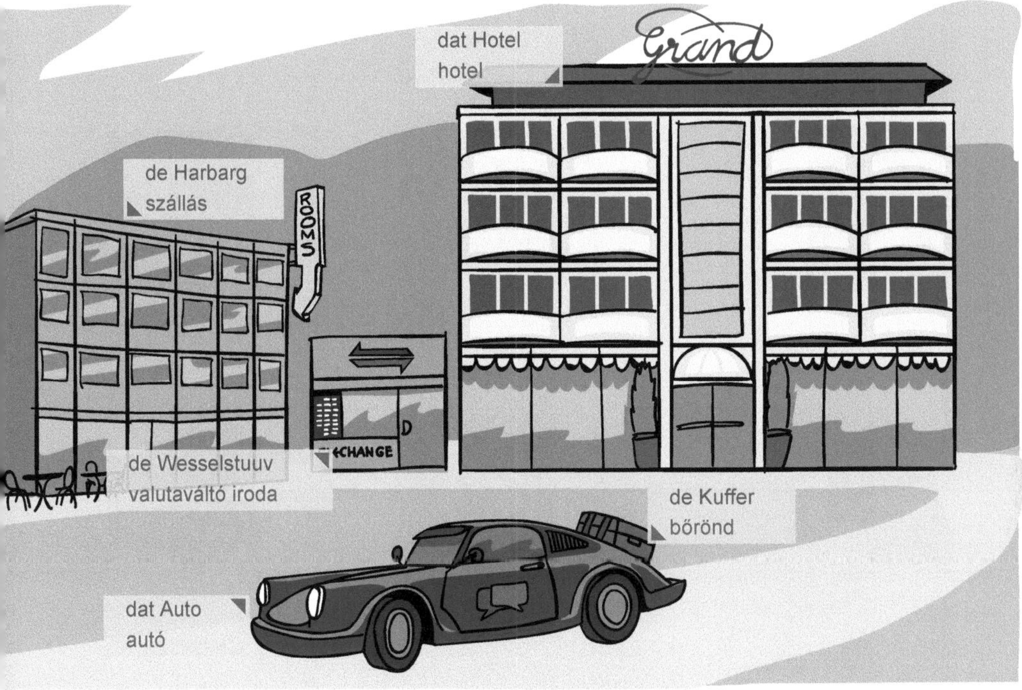

dat Hotel
hotel

Grand

de Harbarg
szállás

ROOMS

de Wesselstuuv
valutaváltó iroda

EXCHANGE

de Kuffer
bőrönd

dat Auto
autó

de Spraak

nyelv

jo / ne

igen/nem

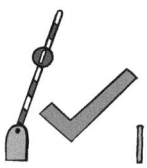

Jo

rendben

Moin

szia

de Översetter

fordító

Dank ok

köszönöm

Wat kost…?

mennyibe kerül…?

Ik verstah nich

nem értem

dat Problem

probléma

Goden Avend

Jó estét!

Moin!

jó reggelt!

Gode Nacht!

jó éjszakát!

Tschüüs

viszontlátásra

de Richt

útirány

de Bagaasch

poggyász

de Tasch

táska

de Rüchsack

hátizsák

de Gast

vendég

de Stuuv

szoba

de Slaapsack

hálózsák

dat Telt

sátor

e Touristeninformatschoon

turista információ

de Strand

strand

de Kreditkoort

hitelkártya

dat Fröhstück

reggeli

dat Meddageten

ebéd

dat Avendeten

vacsora

de Fohrkort

jegy

de Fohrstohl

lift

de Breefmark

bélyeg

de Grenz

határ

de Toll

vám

de Bottschop

nagykövetség

dat Visum

vízum

de Pass

útlevél

de Transport
közlekedés

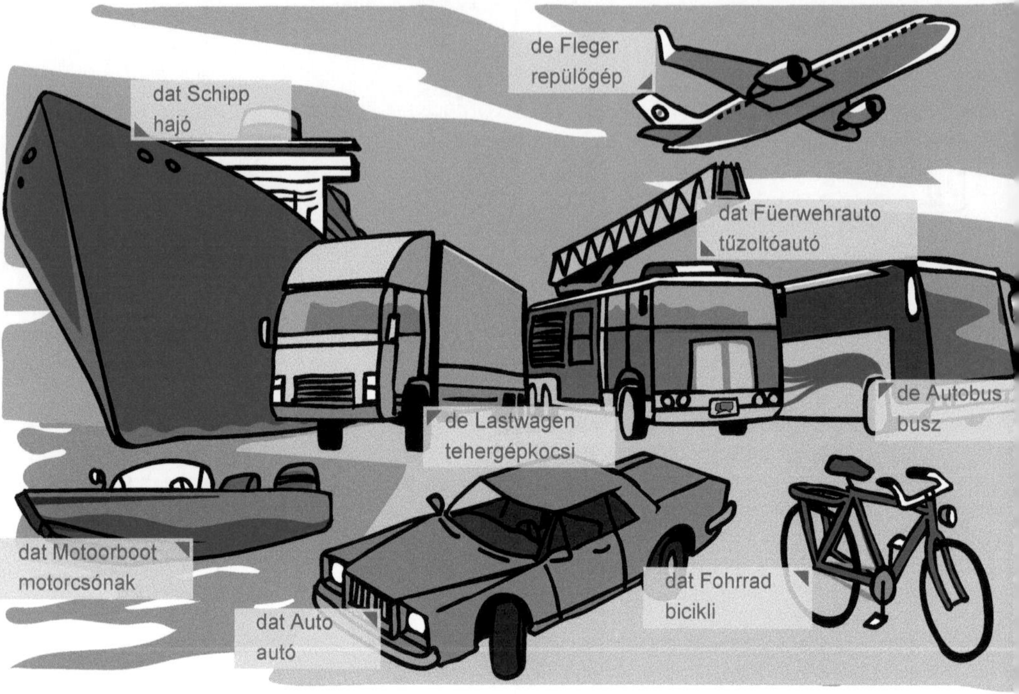

de Fleger
repülőgép
dat Schipp
hajó
dat Füerwehrauto
tűzoltóautó
de Lastwagen
tehergépkocsi
de Autobus
busz
dat Motoorboot
motorcsónak
dat Fohrrad
bicikli
dat Auto
autó

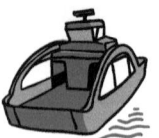

de Fähr

komp

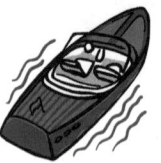

dat Boot

csónak

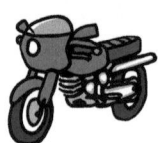

dat Motoorrad

motorkerékpár

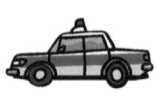

dat Polizeiauto

rendőrautó

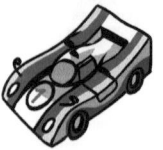

dat Rönnauto

versenyautó

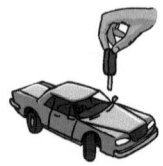

de Lehnwagen

bérautó

dat Carsharing

telekocsi

de Afsleepwagen

vontató

dat Müllauto

szemetes autó

de Motoor

motor

de Kraftstoff

üzemanyag

de Tanksteed

benzinkút

dat Verkehrsschild

közlekedési tábla

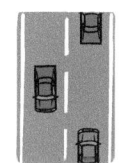

de Verkehr

forgalom

de Stau

forgalmi dugó

de Afstellplatz

parkoló

de Bahnhoff

vonatállomás

de Sporen

sínek

de Tog

vonat

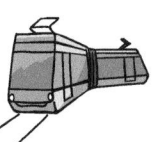

de Stratenbahn

villamos

de Wagon

vagon

de Dwarsmöhl

helikopter

de Flooghaven

repülőtér

de Tower

torony

de Fohrgast

utas

de Grootkist

konténer

de Karton

kartondoboz

de Koor

taliga

de Korf

kosár

starten / lannen

felszáll / leszáll

de Stadt

város

dat Dörp

falu

de Binnenstadt

városközpont

dat Huus

ház

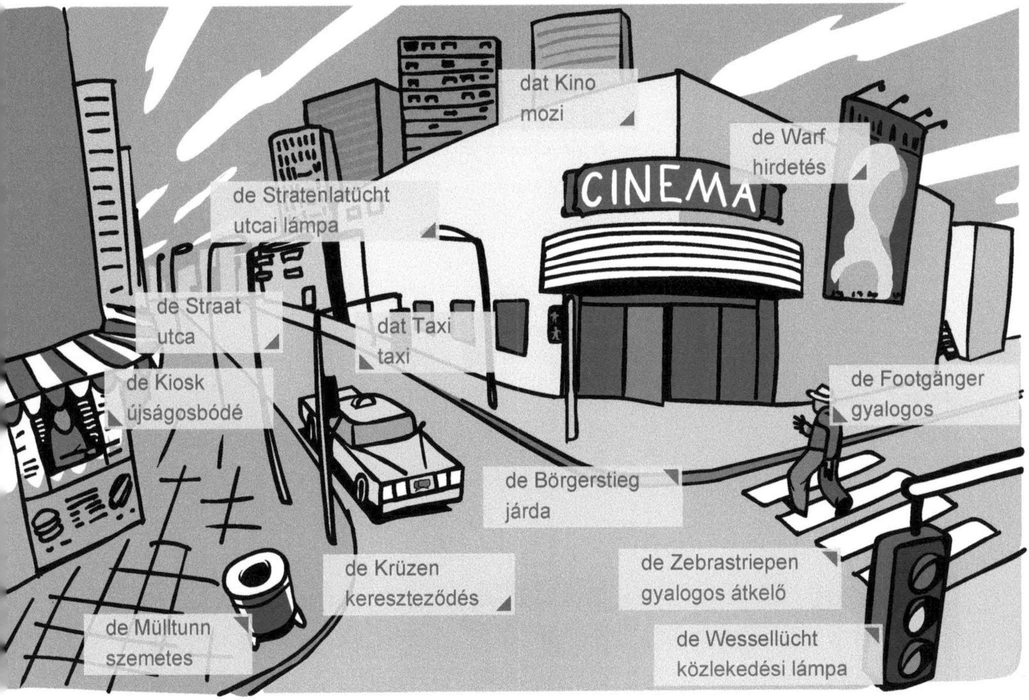

dat Kino
mozi

de Warf
hirdetés

de Stratenlatücht
utcai lámpa

CINEMA

de Straat
utca

dat Taxi
taxi

de Kiosk
újságosbódé

de Footgänger
gyalogos

de Börgerstieg
járda

de Krüzen
kereszteződés

de Zebrastriepen
gyalogos átkelő

de Mülltunn
szemetes

de Wessellücht
közlekedési lámpa

de Hütt

kunyhó

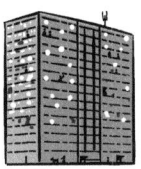

de Wahnung

lakás

de Bahnhoff

vonatállomás

dat Raathuus

városháza

dat Museum

múzeum

de School

iskola

de Stadt - város

de Universität

egyetem

de Bank

bank

dat Krankenhuus

kórház

dat Hotel

hotel

de Afteek

gyógyszertár

dat Büro

iroda

de Bookhökerie

könyvesbolt

de Hökerie

üzlet

de Blomenhökerie

virágüzlet

de Supermarkt

szupermarket

de Markt

piac

dat Koophuus

áruház

de Fischhökerie

halárus

dat Inkoopszentrum

bevásárló központ

de Haven

kikötő

de Parkanlaag

park

de Bank

pad

de Brüch

híd

de Trepp

lépcső

de Ünnergrundbahn

metró

de Tunnel

alagút

de Busstoppsteed

buszmegálló

de Bar

bár

dat Spieslokal

étterem

de Breefkassen

postaláda

dat Stratenschild

utcatábla

de Parkklock

parkoló óra

de Deertenpark

állatkert

de Baadanstalt

uszoda

de Moschee

mecset

de Buernhoff

gazdálkodás

de Ümweltversmudden

környezetszennyezés

de Karkhoff

temető

de Kark

templom

de Speelplatz

játszótér

de Tempel

szentély

de Landschop
táj

dat Blatt
levél

de Wiespahl
útjelző tábla

de Weg
út

de Wisch
rét

de Steen
kő

de Boom
fa

de Wannerer
túrázó

de Fluss
folyó

dat Gras
fű

de Bloom
virág

dat Daal

völgy

de Barg

domb

de See

tó

dat Holt

erdő

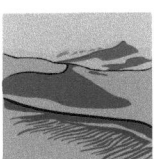

de Wööst

sivatag

de Füerspien Barg

vulkán

dat Slott

kastély

de Regenbagen

szivárvány

de Poggenstohl

gomba

de Palm

pálmafa

de Steekmück

szúnyog

de Fleeg

légy

de Miegeemk

hangya

de Imm

méhecske

de Spinn

pók

de Landschop - táj

de Sebber

bogár

de Pogg

béka

de Katteker

mókus

de Swienegel

sündisznó

de Haas

nyúl

de Uul

bagoly

de Vagel

madár

de Swaan

hattyú

dat Wildswien

vaddisznó

de Hirsch

szarvas

de Elk

rénszarvas

de Staudamm

gát

dat Windrad

szélturbina

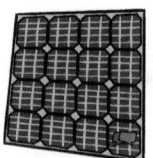

dat Solarmodul

napelem

dat Klima

éghajlat

dat Spieslokal
étterem

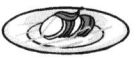

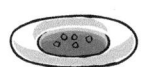

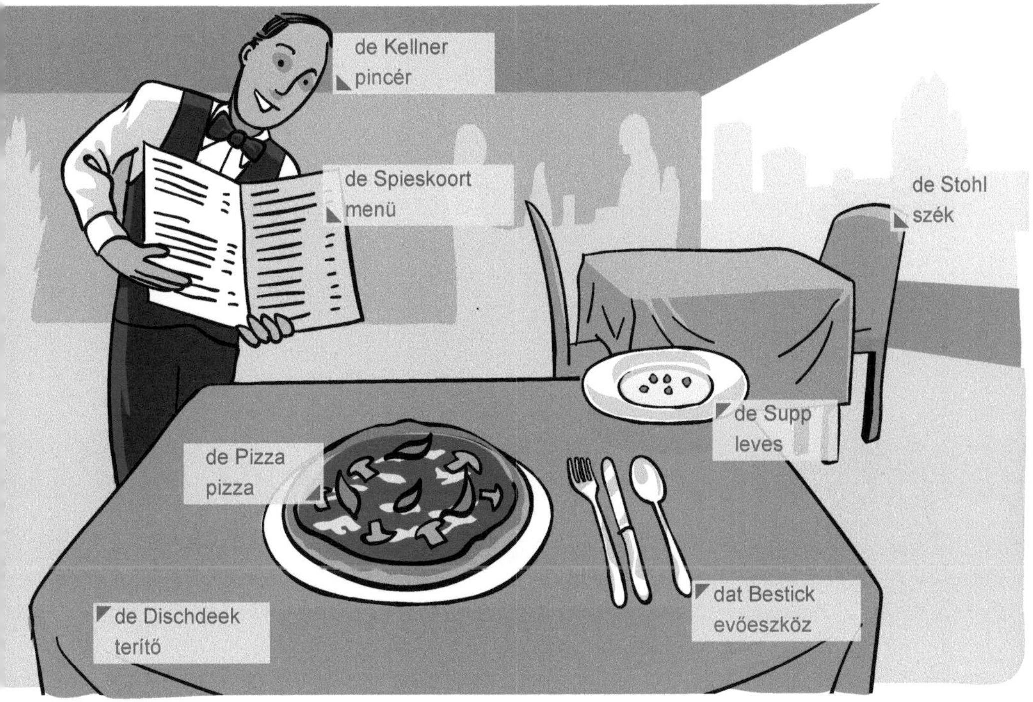
de Kellner
pincér
de Spieskoort
menü
de Stohl
szék
de Supp
leves
de Pizza
pizza
dat Bestick
evőeszköz
de Dischdeek
terítő

de Vörspies
....
előétel

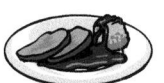

dat Haupteten
....
főétel

de Nadisch
....
desszert

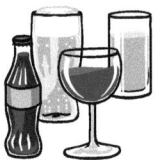

de Drünk
....
italok

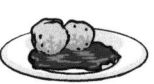

dat Eten
....
étel

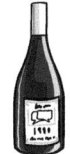

de Buddel
....
üveg

dat Fastfood

gyorsétel

dat Strateneten

gyorsétel

de Teekann

teás kanna

de Zuckerdoos

cukortartó

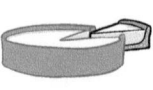

de Portschoon

adag

de Espressomaschien

eszpresszógép

de Hoochstohl

bárszék

de Reken

számla

dat Tablett

tálca

dat Mess

kés

de Gavel

villa

de Lepel

kanál

de Teelepel

teáskanál

dat Munddook

szalvéta

dat Glas

pohár

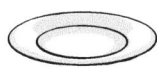

de Töller

tányér

de Suppentöller

leveses tányér

de Ünnertass

csészealj

de Sooß

szósz

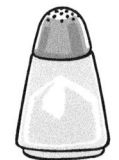

de Soltstreuer

sószóró

de Pepermöhl

borsőrlő

de Etig

ecet

dat Ööl

étkezési olaj

de Krüder

fűszerek

de Ketchup

ketchup

de Mostrich

mustár

de Mayonnaise

majonéz

de Supermarkt
szupermarket

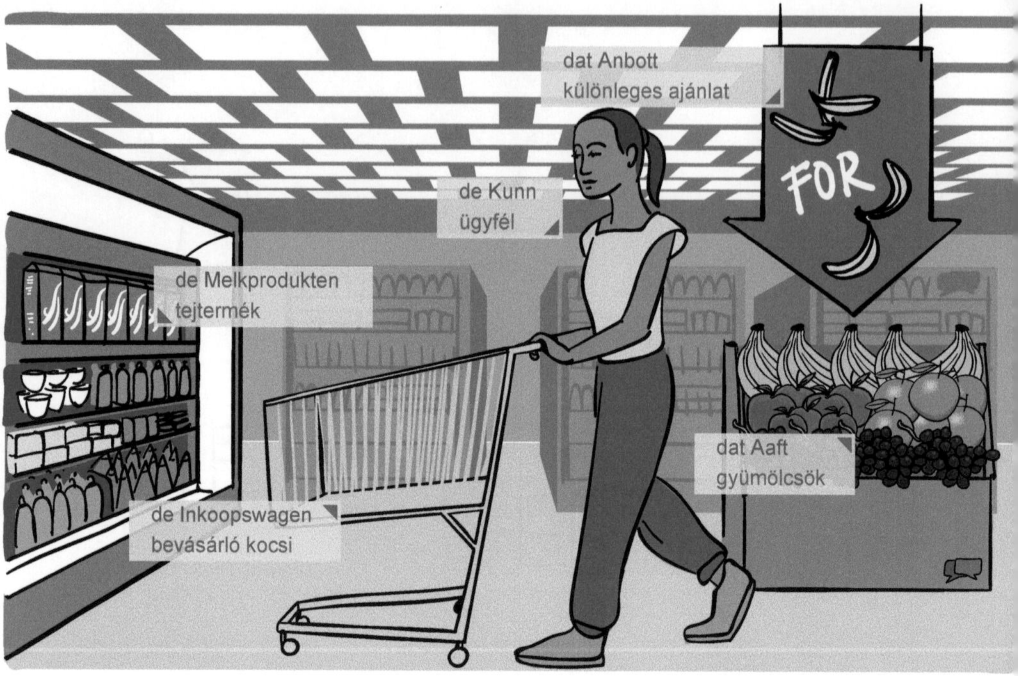

dat Anbott
különleges ajánlat
FOR
de Kunn
ügyfél
de Melkprodukten
tejtermék
dat Aaft
gyümölcsök
de Inkoopswagen
bevásárló kocsi

BUTCHERS

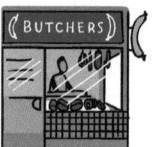

de Slachterie

hentes

BAKERY

de Bäckerie

pékség

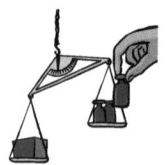

wegen

nyom valamennyit

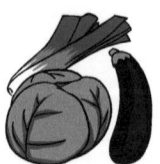

de Gröönsaken

zöldség

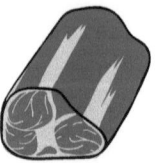

dat Fleesch

hús

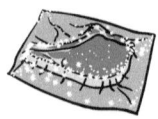

de Deepköhlkost

fagyasztott áru

de Opsnitt

felvágott

de Konserven

konzerv

de Waschmiddel

mosópor

de Snoopkraam

édességek

de Huushooltssaken

háztartási termék

de Reinmaaktüüch

tisztítószerek

de Verköpersche

eladó

de Kass

pénztárgép

de Kasserer

eladó

de Inkoopslist

bevásárló lista

de Opsparrtieden

nyitva tartás

de Breeftasch

levéltárca

de Kreditkoort

hitelkártya

de Tasch

zacskó

de Plastiktüüt

műanyag zacskó

dat Water

víz

de Saft

gyümölcslé

de Melk

tej

de Cola

kóla

de Wien

bor

dat Beer

sör

de Spriet

alkohol

de Kakao

kakaó

de Tee

tea

de Koffie

kávé

de Espresso

eszpresszó

de Cappucino

kapucsínó

de Banaan

banán

de Appel

alma

de Appelsien

narancs

de Meloon

sárgadinnye

de Zitroon

citrom

de Wöttel

sárgarépa

de Knuuvlook

fokhagyma

de Bambus

bambusz

de Zibbel

hagyma

de Poggenstohl

gomba

de Nööt

magvak

de Nudeln

nokedli

de Spaghetti

spagetti

de Ries

rizs

de Salat

saláta

de Pommes frites

sült krumpli

de Braadkantüffeln

sült burgonya

de Pizza

pizza

de Hamborger

hamburger

dat Sandwich

szendvics

dat Snitzel

hússzelet

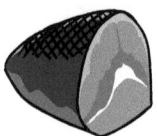

de Schinken

sonka

de Salami

szalámi

de Wust

kolbász

dat Hohn

csirke

de Braden

pecsenye

de Fisch

hal

de Haverflocken

zabkása

dat Müsli

müzli

de Cornflakes

kukoricapehely

dat Mehl

liszt

de Croissant

croissant

dat Rundstück

zsemle

dat Broot

kenyér

dat Toast

pirítós kenyér

de Keksen

keksz

de Botter

vaj

de Quark

túró

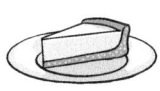

de Koken

sütemény

dat Ei

tojás

dat Spegelei

tükörtojás

de Kees

sajt

de Ies

jégkrém

de Zucker

cukor

de Honnig

méz

de Marmelaad

lekvár

de Nougat-Creme

mogyorókrém

dat Curry

curry

de Buernhoff
gazdálkodás

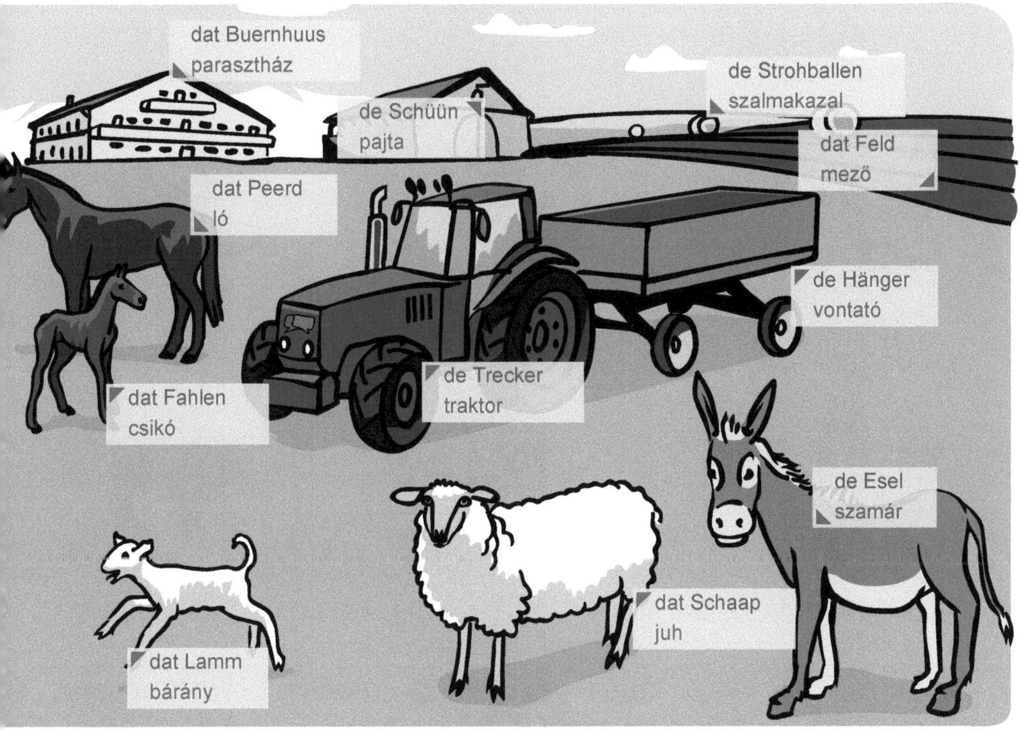
dat Buernhuus
parasztház
de Schüün
pajta
de Strohballen
szalmakazal
dat Feld
mező
dat Peerd
ló
de Hänger
vontató
de Trecker
traktor
dat Fahlen
csikó
de Esel
szamár
dat Schaap
juh
dat Lamm
bárány

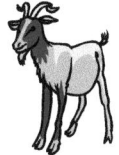

de Zeeg
kecske

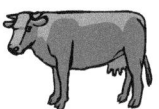

de Koh
tehén

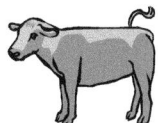

dat Kalf
borjú

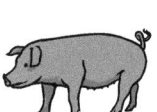

dat Swien
malac

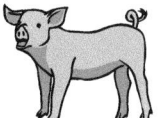

dat Farken
kismalac

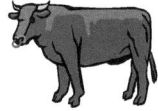

de Bull
bika

de Goos

liba

de Aant

kacsa

dat Küken

csibe

dat Hohn

tojó

de Hahn

kakas

de Rott

patkány

de Katt

macska

de Muus

egér

de Oss

ökör

de Hund

kutya

de Hunnenhütt

kutyaház

de Goornslauch

kerti öntözőcső

de Geetkann

öntözőkanna

de Lee

kasza

de Ploog

eke

de Sich

sarló

de Hack

kapa

de Mestfork

vasvilla

de Ext

fejsze

de Schuufkoor

talicska

de Trog

teknő

de Melkkann

tejes kancsó

de Sack

zsák

de Tuun

kerítés

de Stall

istálló

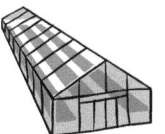

dat Drievhuus

üvegház

de Bodden

talaj

de Saat

vetőmag

de Dünger

trágya

de Meihdöscher

cséplőgép

oornen

szüretelni

de Oorn

betakarítás

de Yamswöttel

yamgyökér

de Weten

búza

dat Soja

szója

de Kantüffel

burgonya

de Törksche Weten

kukorica

de Rapp

repcemag

de Aaftboom

gyümölcsfa

de Troopsch Kantüffel

manióka

dat Koorn

gabona

dat Huus
ház

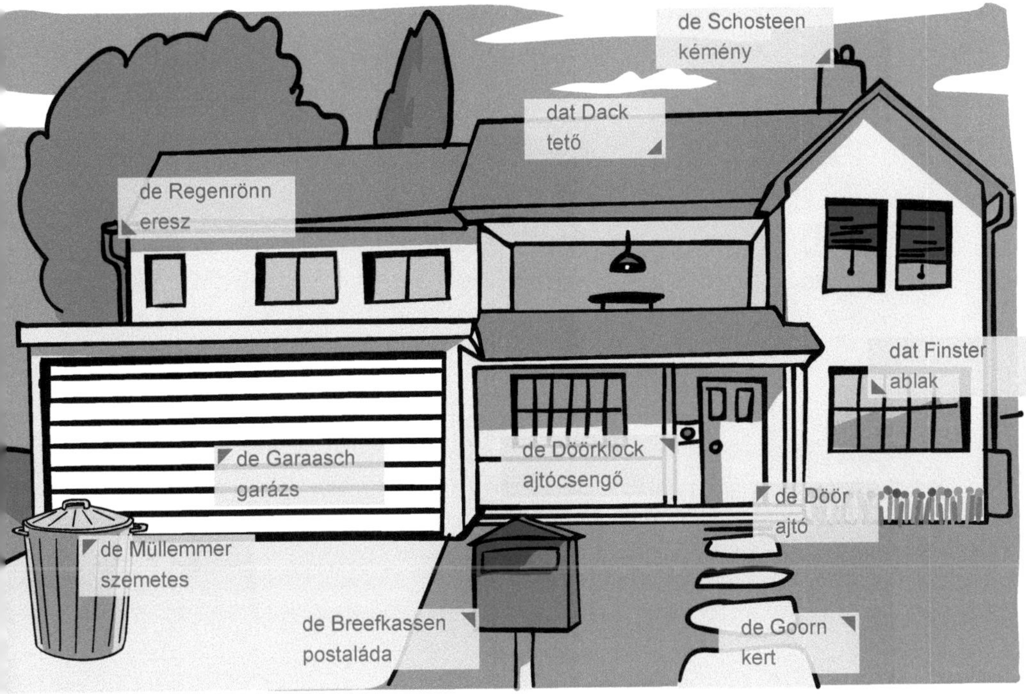
de Schosteen
kémény
dat Dack
tető
de Regenrönn
eresz
dat Finster
ablak
de Döörklock
ajtócsengő
de Garaasch
garázs
de Döör
ajtó
de Müllemmer
szemetes
de Breefkassen
postaláda
de Goorn
kert

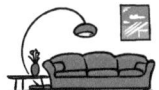

de Wahnstuuv

nappali

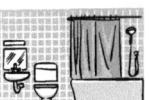

de Baadstuuv

fürdőszoba

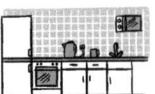

de Köök

konyha

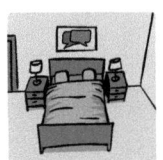

de Slaapstuuv

hálószoba

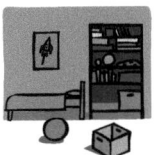

de Kinnerstuuv

gyerekszoba

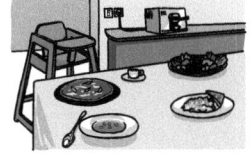

de Eetstuuv

ebédlő

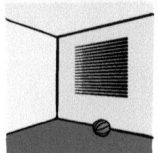

de Footbodden

padló

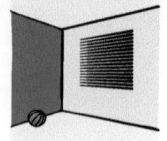

de Wand

fal

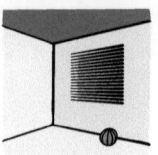

de Deek

plafon

de Keller

pince

dat Hittluftbad

szauna

de Balkon

erkély

de Terrass

terasz

dat Swümmbad

medence

de Rasenmeiher

fűnyíró

de Bettbetog

lepedő

de Bettdeek

ágytakaró

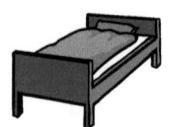

de Puuch

ágy

de Bessen

seprű

de Emmer

vödör

de Schalter

kapcsoló

de Wahnstuuv
nappali

de Tapeet
tapéta
dat Bild
kép
de Lamp
lámpa
dat Regal
polc
dat Schapp
szekrény
de Kiekkassen
televízió
de Kamin
kandalló
de Bloom
virág
dat Küssen
párna
dat Sofa
kanapé
de Vaas
váza
de Feernbedenen
távirányító

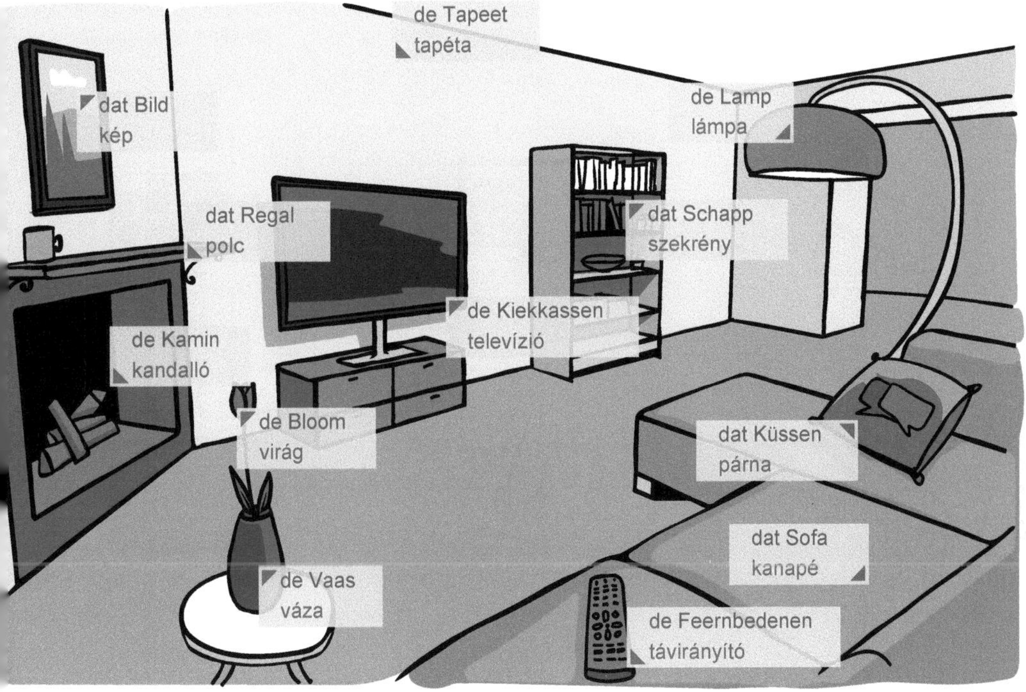

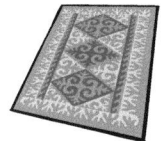

de Teppich

szőnyeg

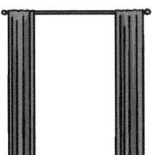

de Vörhang

függöny

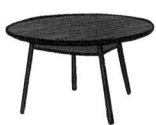

de Disch

asztal

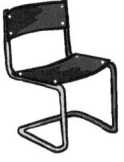

de Stohl

szék

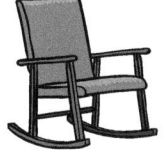

de Schuckelstohl

hintaszék

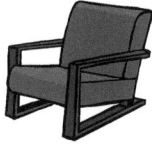

de Sessel

karosszék

dat Book

könyv

de Deek

takaró

de Dekoratschoon

dekoráció

dat Füerholt

tűzifa

de Film

film

de Stereoanlaag

hifi

de Slötel

kulcs

dat Narichtenblatt

újság

dat Gemälde

festmény

dat Poster

poszter

dat Radio

rádió

de Opschrievblock

jegyzetfüzet

de Huulbessen

porszívó

de Kaktus

kaktusz

de Kars

gyertya

de Köök
konyha

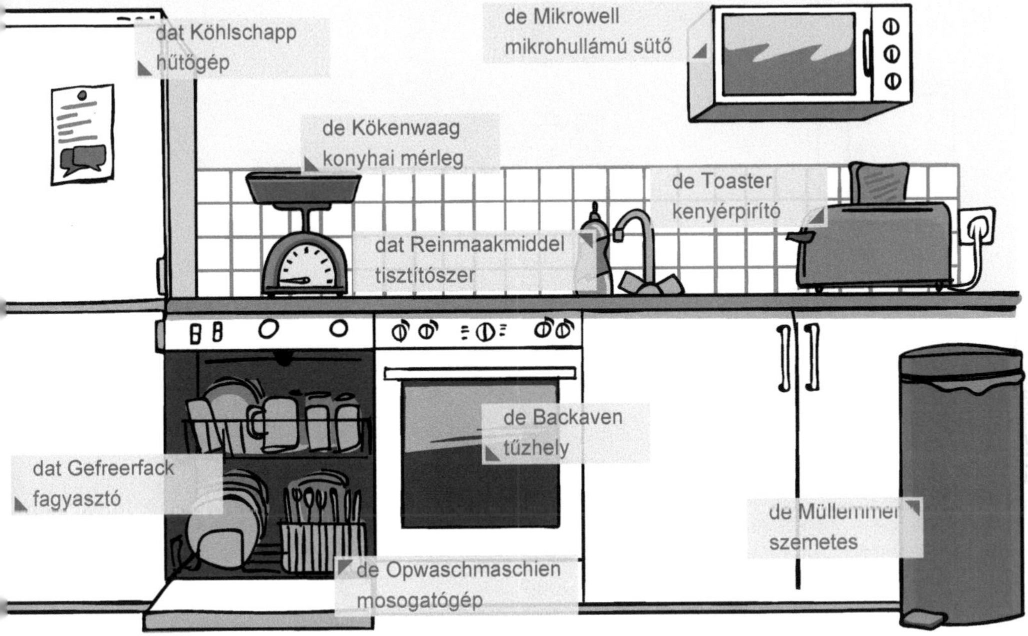
dat Köhlschapp
hűtőgép
de Mikrowell
mikrohullámú sütő
de Kökenwaag
konyhai mérleg
de Toaster
kenyérpirító
dat Reinmaakmiddel
tisztítószer
de Backaven
tűzhely
dat Gefreerfack
fagyasztó
de Müllemmer
szemetes
de Opwaschmaschien
mosogatógép

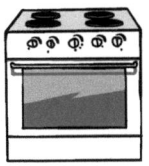

de Heerd
tűzhely

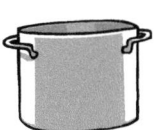

de Pott
edény

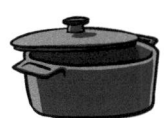

de Gussiesern Putt
vasfazék

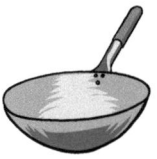

de Wok / Kadai
wok / kadai

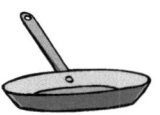

de Pann
serpenyő

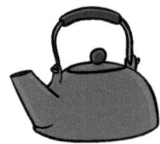

de Waterkaker
vízforraló

de Dampkaakputt

pároló

dat Backblick

tepsi

dat Geschirr

étkészlet

de Beker

bögre

de Schaal

tálka

de Eetsticken

evőpálcika

de Suppenkell

merőkanál

de Pannenwenner

keverőlapátka

de Sneebessen

habverő

dat Kaakseef

szűrő

dat Seef

szita

de Riev

reszelő

de Mörser

mozsár

de Grill

grillsütő

de Füerstell

kandalló

dat Sniedbrett

vágódeszka

dat Nudelholt

sodrófa

de Proppentrecker

dugóhúzó

de Doos

doboz

de Dosenaapner

konzervnyitó

de Pottlappen

edényfogó

dat Waschbecken

mosogató

de Böst

kefe

de Swamm

szivacs

de Mixer

turmixgép

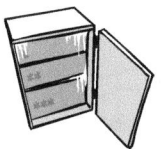

dat Iesschapp

mélyhűtő

de Nuckelbuddel

cumisüveg

de Waterhahn

csap

de Baadstuuv
fürdőszoba

de Heizung
fűtés
dat Handdook
törölköző
de Bruus
zuhany
de Bruusvörhang
zuhanyfüggöny
dat Schuumbad
habfürdő
de Baadwann
kád
dat Glas
pohár
de Waschmaschien
mosógép
de Waterhahn
csap
de Fliesen
csempe
de lütte Putt
bili
dat Waschbecken
mosogató

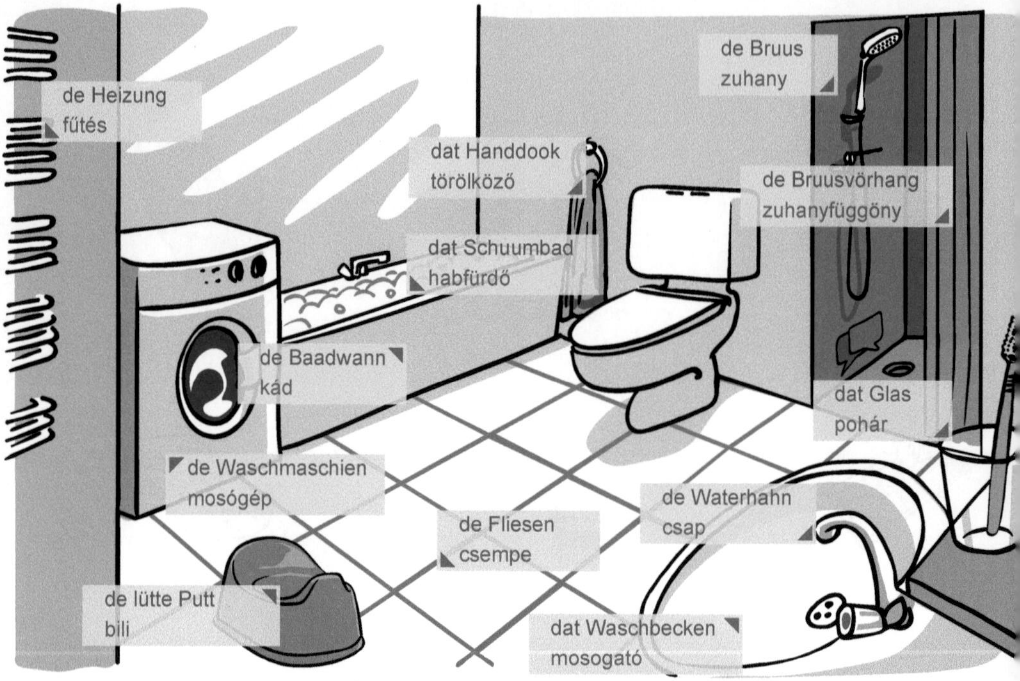

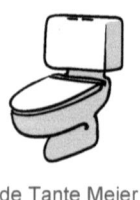

de Tante Meier

toalett

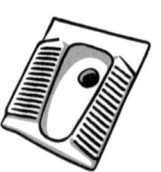

de Hockklo

guggolós toalett

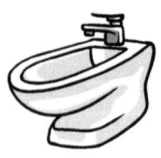

dat Bidet

bidé

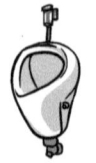

dat Miegbecken

piszoár

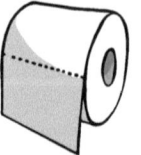

dat Klopapeer

toalett papír

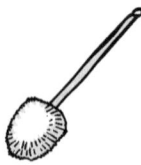

de Kloböst

wc kefe

de Tähnböst

fogkefe

de Tähnpast

fogkrém

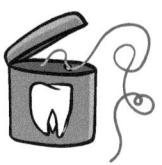

de Tähnsied

fogselyem

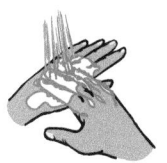

waschen

mosni

de Handbruus

kézi zuhany

de Intimbruus

intimzuhany

de Waschschöttel

mosdótál

de Rüchböst

hátmosó kefe

de Seep

szappan

dat Bruusgeel

tusfürdő

dat Hoorwaschmiddel

sampon

de Waschlappen

mosdókesztyű

de Afloop

lefolyó

de Creme

krém

dat Deodorant

dezodor

de Baadstuuv - fürdőszoba

de Spegel

tükör

de Kosmetikspegel

kézitükör

de Raserer

borotva

de Raseerschuum

borotvahab

dat Raseerwater

borotválkozás utáni
arcszesz

de Kamm

fésű

de Böst

hajkefe

de Hoordröger

hajszárító

dat Hoorspray

hajlakk

de Smink

smink

de Lippensticken

ajakrúzs

de Nagellack

körömlakk

de Watt

vatta

de Nagelscheer

körömvágó olló

dat Rüükwater

parfüm

de Kulturbüdel

neszesszer

de Schemel

sámli

de Waag

mérleg

de Baadmantel

köntös

de Gummihanschen

gumikesztyű

de Tampon

tampon

de Damenbinn

egészségügyi betét

dat Chemieklo

vegyi WC

de Kinnerstuuv

gyerekszoba

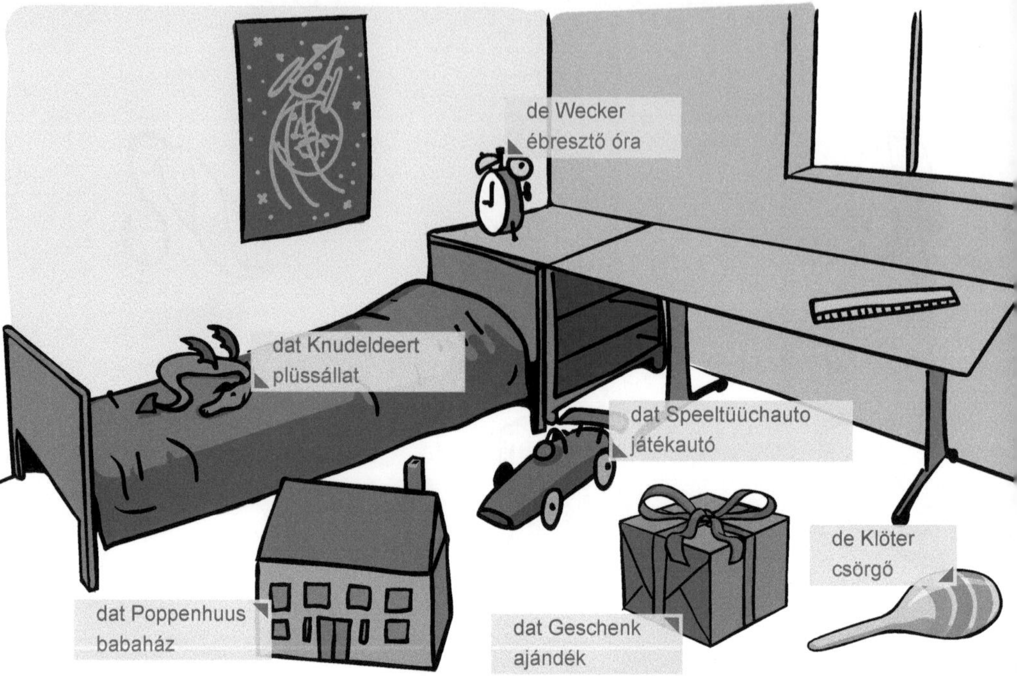
de Wecker
ébresztő óra
dat Knudeldeert
plüssállat
dat Speeltüüchauto
játékautó
de Klöter
csörgő
dat Poppenhuus
babaház
dat Geschenk
ajándék

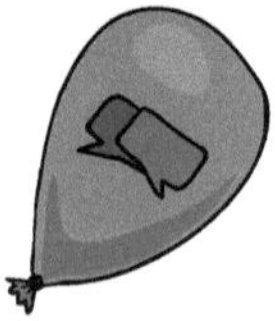

de Luftballon

lufi

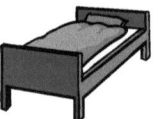

de Puuch

ágy

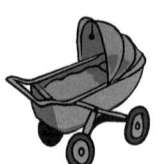

de Kinnerwagen

babakocsi

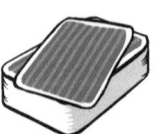

dat Koortenspeel

kártyapakli

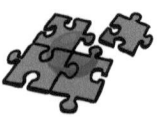

dat Puzzle

kirakós játék

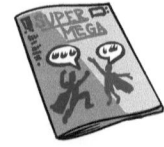

de Billergeschicht

képregény

de Legostenen

építőkockák

de Bustenen

építőelem

de Action-Figur

szuperhős

de Strampelantog

rugdalózó

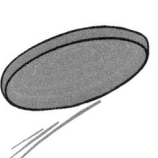

de Frisbeeschiev

frizbi

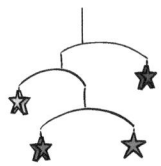

dat Mobile

zenélő forgó

dat Brettspeel

társasjáték

de Wörpel

kocka

de Modelliesenbahn

modellvasút

de Snuller

cumi

de Party

zsúr

dat Billerbook

képeskönyv

de Ball

labda

de Popp

baba

spelen

játszani

de Sandkassen

homokozó

de Schuckel

hinta

dat Speeltüüch

játékok

de Speelkonsool

videójáték konzol

dat Dreerad

tricikli

de Teddyboor

teddi maci

dat Klederschapp

ruhásszekrény

dat Tüüch

ruházat

de Socken

zokni

de Strümp

harisnya

de Strumpbüx

harisnyanadrág

dat Halsdook
sál

de Paraplü
esernyő

dat T-Shirt
póló

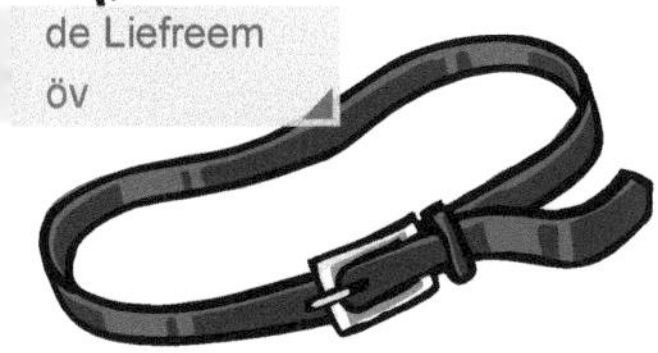

de Liefreem
öv

de Stevel
csizma

de Puuschen
papucs

de Turnschoh
tornacipő

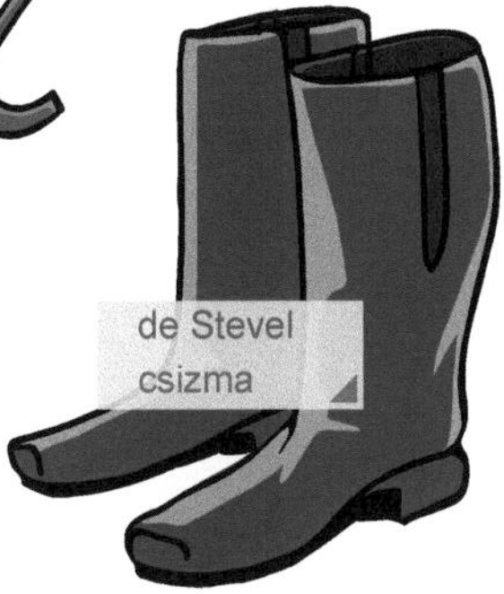

de Sandalen
....
szandál

de Schoh
....
cipő

de Gummistevel
....
gumicsizma

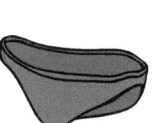

de Ünnerbüx
....
alsónadrág

de Bostholler
....
melltartó

dat Ünnerhemd
....
mellény

de Lief

body

de Büx

nadrág

de Jeansnüx

farmer

de Rock

szoknya

de Bluus

blúz

dat Hemd

ing

de Pullover

pulóver

de Kapuzenpullover

kapucnis pulóver

de Blazer

blézer

de Jack

dzseki

de Mantel

kabát

de Övertrecker

esőkabát

dat Kostüm

kosztüm

dat Kleed

ruha

dat Hochtietskleed

esküvői ruha

de Antog

öltöny

dat Nachtkleed

hálóing

de Slaapantog

pizsama

de Sari

szári

dat Koppdook

fejkendő

de Turban

turbán

de Burka

burka

de Kaftan

kaftán

de Abaya

abaya

de Baadantog

fürdőruha

de Baadbüx

fürdőnadrág

de Korte Büx

rövidnadrág

de Antog to'n Öven

tréningruha

de Schört

kötény

de Handschoh

kesztyű

de Knopp

gomb

de Brill

szemüveg

dat Armband

karkötö

de Halskeed

nyaklánc

de Ring

gyűrű

de Ohrbummel

fülbevaló

de Mütz

sapka

de Klederbögel

vállfa

de Hoot

kalap

de Binner

nyakkendő

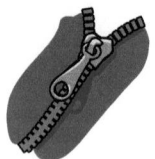

de Rietslüter

cipzár

de Helm

bukósisak

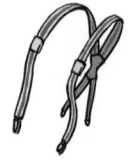

dat Drachtband

nadrágtartó

de Schooluniform

iskolai egyenruha

de Uniform

egyenruha

de Severböten
....
előke

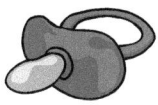

de Snuller
....
cumi

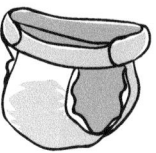

de Winnel
....
pelenka

dat Büro
iroda

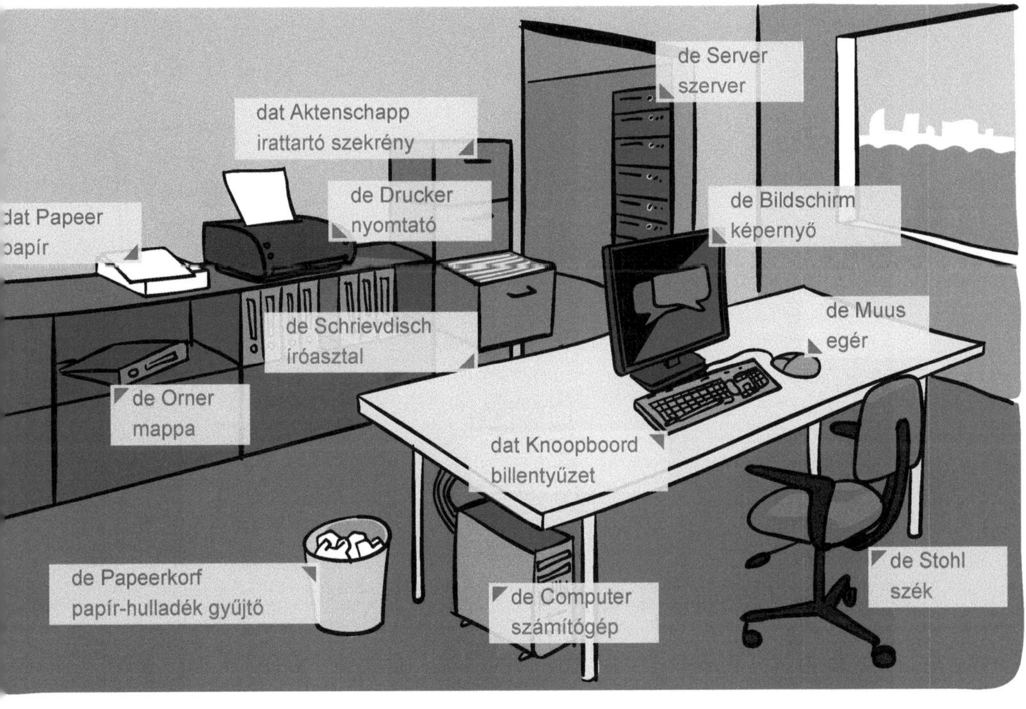

de Server
szerver

dat Aktenschapp
irattartó szekrény

de Drucker
nyomtató

dat Papeer
papír

de Bildschirm
képernyő

de Schrievdisch
íróasztal

de Muus
egér

de Orner
mappa

dat Knoopboord
billentyűzet

de Papeerkorf
papír-hulladék gyűjtő

de Stohl
szék

de Computer
számítógép

de Koffiebeker
....
kávéscsésze

de Taschenreekner
....
számológép

dat Internet
....
internet

de Klappreekner

laptop

de Breef

levél

de Naricht

üzenet

de Ackersnacker

mobiltelefon

dat Nettwark

hálózat

de Kopeerapparat

fénymásoló

de Software

szoftver

de Klöönkassen

telefon

de Steekdoos

konnektor

de Faxapparat

faxgép

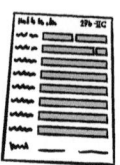

dat Formulor

formanyomtatvány

dat Dokument

dokumentum

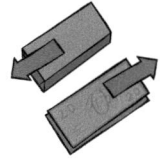

köpen

venni

betahlen

fizetni

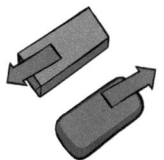

hanneln

kereskedni

dat Geld

pénz

de Dollar

dollár

de Euro

euró

de Yen

jen

de Ruvel

rubel

de Swiezer Franken

svájci frank

de Renminbi Yuan

kínai jüan

de Rupie

rúpia

de Geldautomat

bankautomata

de Wesselstuuv

valutaváltó iroda

dat Gold

arany

dat Sülver

ezüst

dat Ööl

olaj

de Energie

energia

de Pries

ár

de Verdrag

szerződés

de Stüer

adó

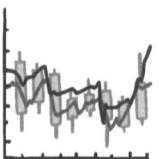

de Andeelschien

részvény

arbeiden

dolgozni

de Anstellte

munkavállaló

de Arbeitgever

munkaadó

de Fabrik

gyár

de Hökerie

üzlet

de Profeschonen
foglalkozások

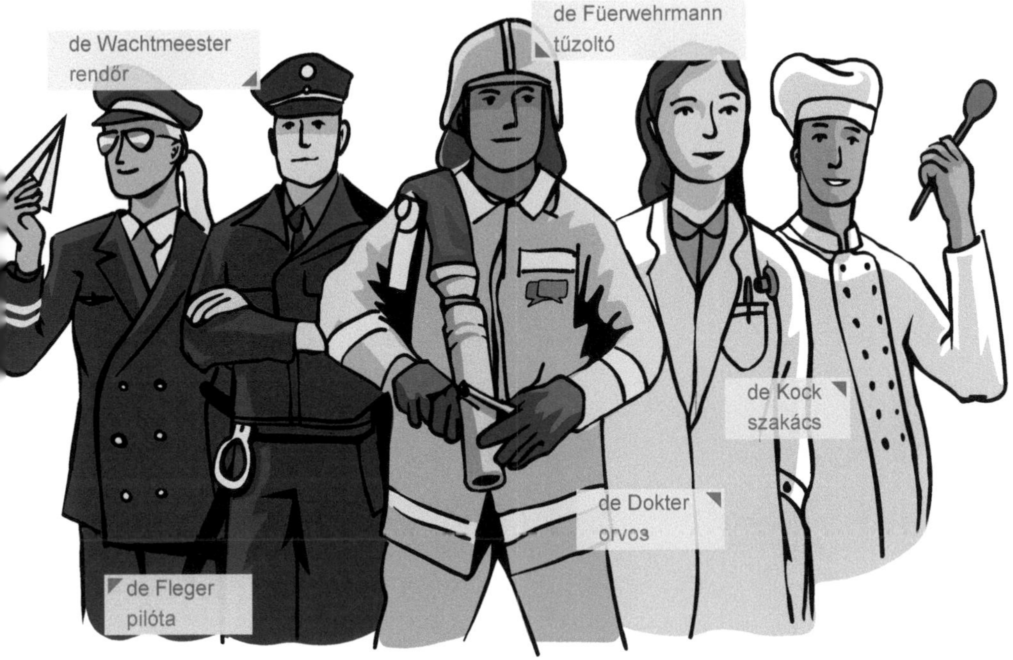
de Wachtmeester
rendőr
de Füerwehrmann
tűzoltó
de Kock
szakács
de Dokter
orvos
de Fleger
pilóta

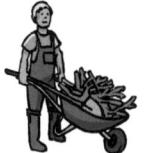

de Goorner

kertész

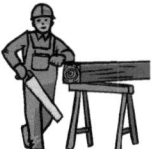

de Discher

kárpitos

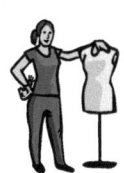

de Neihersche

varrónő

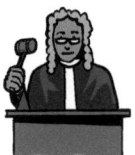

de Richter

bíró

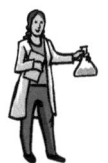

de Chemiker

vegyész

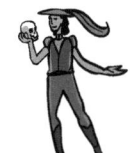

de Schauspeler

színész

de Busfohrer

buszsofőr

de Taxifohrer

taxisofőr

de Fischer

halász

de Reinmaakfru

bejárónő

de Dackdecker

tetőfedő

de Kellner

pincér

de Jäger

vadász

de Maler

festő

de Bäcker

pék

de Elektriker

villanyszerelő

de Buarbeider

építőmunkás

de Ingenieur

mérnök

de Slachter

hentes

de Klempner

vízvezeték-szerelő

de Postbüdel

postás

de Suldat

katona

de Architekt

építész

de Kasserer

eladó

de Florist

virágos

de Putzbüdel

fodrász

de Schaffner

kalauz

de Mechaniker

műszerész

de Kaptein

kapitány

de Tähndokter

fogorvos

de Wetenschopler

tudós

de Rabbi

rabbi

de Imam

imám

de Mönk

szerzetes

de Paap

lelkész

dat Warktüüch

szerszámok

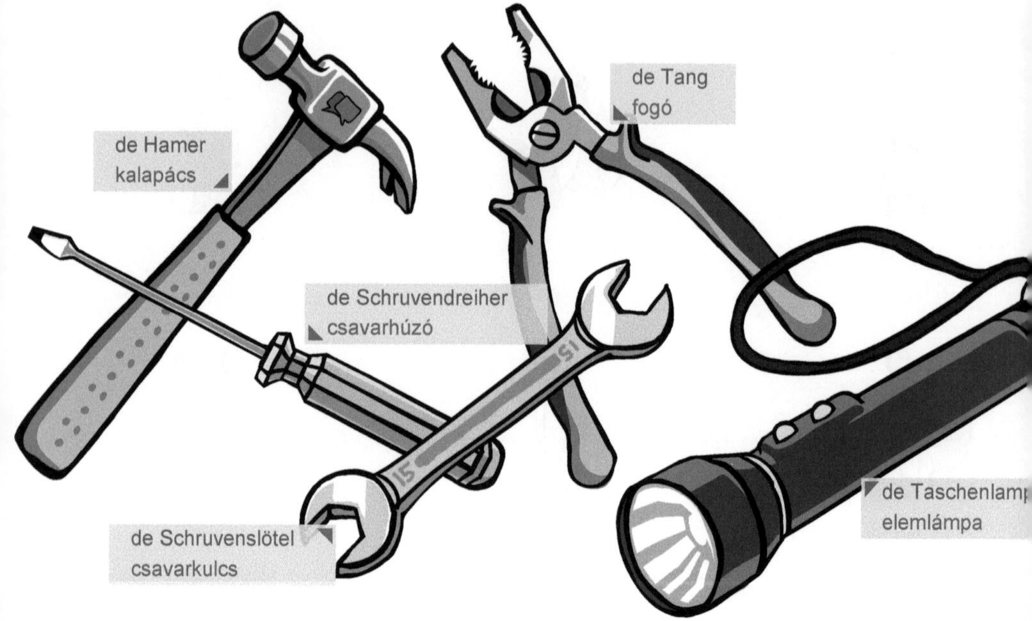

de Tang
fogó
de Hamer
kalapács
de Schruvendreiher
csavarhúzó
de Taschenlamp
elemlámpa
de Schruvenslötel
csavarkulcs

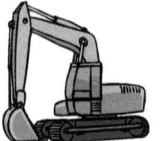

de Grieper

markológép

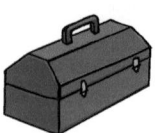

de Warktüüchkassen

szerszámosláda

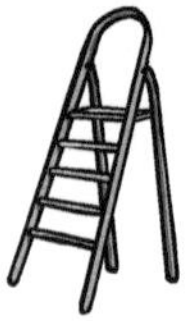

de Ledder

vödör

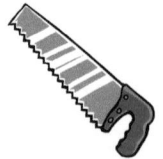

de Saag

fűrész

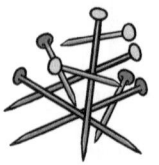

de Nagels

szög

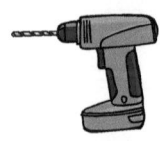

de Bohrer

fúrógép

heelmaken

megjavítani

de Schüffel

lapát

Schiet!

A francba!

dat Kehrblick

szemétlapát

de Farvpott

festékesdoboz

de Schruven

csavar

de Musikinstrumenten
hangszerek

dat Slagtüüch
dobfelszerelés

de Luutsnacker
hangszóró

de Rietfiedel
gitár

de Bass-Vigelien
nagybőgő

de Trumpeet
trombita

dat Klaveer

zongora

de Vigelien

hegedű

de Bass

basszusgitár

de Pauk

üstdob

de Trummeln

dobok

dat Keyboard

digitális zongora

dat Saxophon

szaxofon

de Fleut

fuvola

dat Mikrofoon

mikrofon

de Deertenpark
állatkert

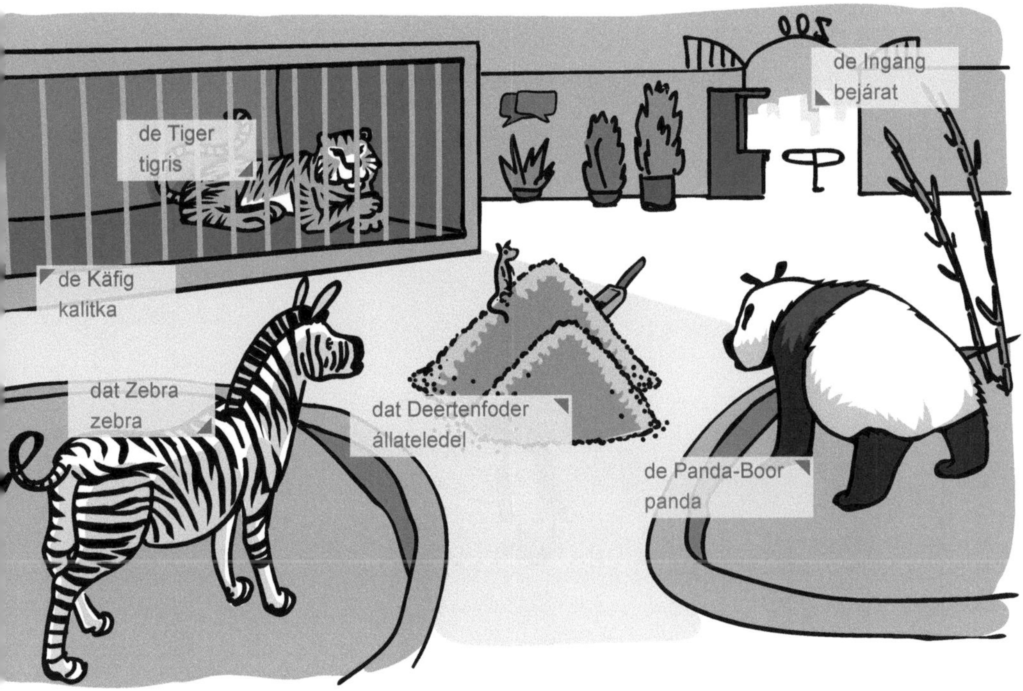

de Ingang
bejárat
de Tiger
tigris
de Käfig
kalitka
dat Zebra
zebra
dat Deertenfoder
állateledel
de Panda-Boor
panda

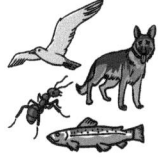

de Deerten

állatok

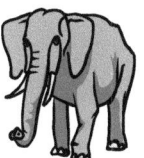

de Elefant

elefánt

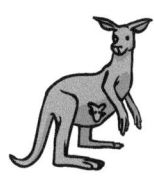

dat Känguru

kenguru

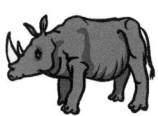

dat Neeshoorn

orrszarvú

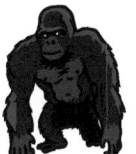

de Gorilla

gorilla

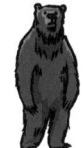

de Boor

medve

dat Kameel

teve

de Struuß

strucc

de Lööv

oroszlán

de Aap

majom

de Flamingo

flamingó

de Papagoi

papagáj

de Iesboor

jegesmedve

de Pinguin

pingvin

de Haifisch

cápa

de Pageluun

páva

de Slang

kígyó

dat Krokodil

krokodil

de Oppasser in'n
Deertenpark
állatgondozó

de Saalhund

fóka

de Jaguor

jaguár

dat Pony

póniló

de Leopard

leopárd

dat Nilpeerd

víziló

de Giraff

zsiráf

de Aadler

sas

dat Wildswien

vaddisznó

de Fisch

hal

de Schildkrööt

teknős

dat Walross

rozmár

de Voss

róka

de Gazell

gazella

de Deertenpark - állatkert

de Amerikaansch Football
amerikai futball

dat Radfohren
kerékpározás

dat Tennis
tenisz

de Korfball
kosárlabda

dat Swümmen
úszás

dat Boxen
boksz

dat Ieshockey
jégkorong

de Football
futball

dat Fedderball
tollas

de Leichtathletik
atlétika

de Handball
kézilabda

dat Skilopen
síelés

dat Polo
lovaspóló

de Aktivitäten
tevékenységek

springen
ugrani
ümarmen
ölelni
lachen
nevetni
gahn
sétálni
singen
énekelni
drömen
álmodni
beden
dicsérni
snuteln
csókolni

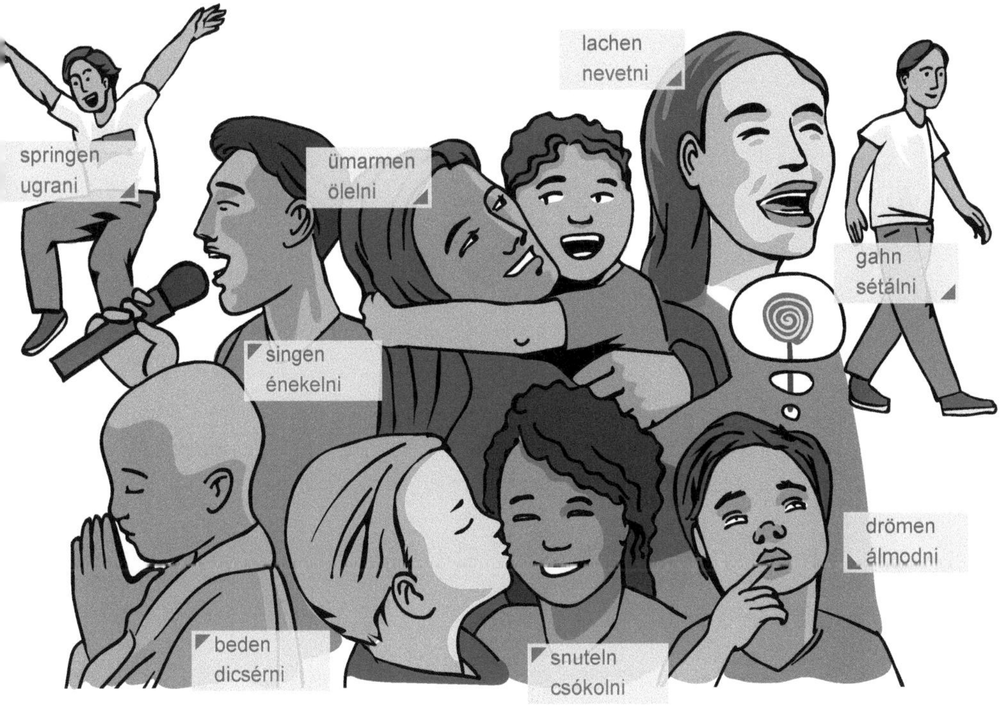

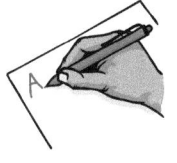

schrieven

írni

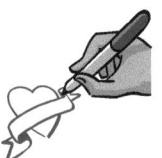

teken

rajzolni

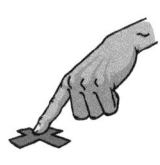

wiesen

mutatni

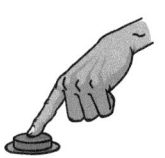

drücken

tolni

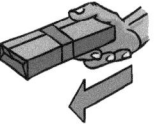

geven

adni

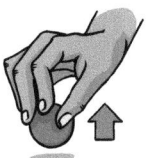

nehmen

vinni

hebben

birtokolni

doon

csinálni

sien

lenni

stahn

állni

lopen

futni

trecken

húzni

smieten

hajít

fallen

esni

liggen

hazudni

töven

várni

dregen

vinni

sitten

ülni

antrecken

felvenni

slapen

aludni

opwaken

felébredni

ankieken

ránézni

wenen

sírni

eien

simogat

kämmen

fésülni

snacken

beszélni

verstahn

megérteni

fragen

kérdezni

hören

hallgatni

drinken

inni

eten

enni

oprümen

takarítani

leefhebben

szeretni

kaken

főzni

fohren

vezetni

flegen

szállni

segeln

vitorlázni

reken

számol

lesen

olvasni

lehren

tanulni

arbeiden

dolgozni

de Plünnen tohoopsmieten

házasodni

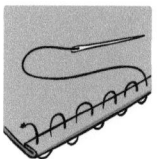

neihen

varrni

Tähnen putzen

fogat mosni

dootmaken

ölni

smöken

dohányozni

schicken

küldeni

de Familje
család

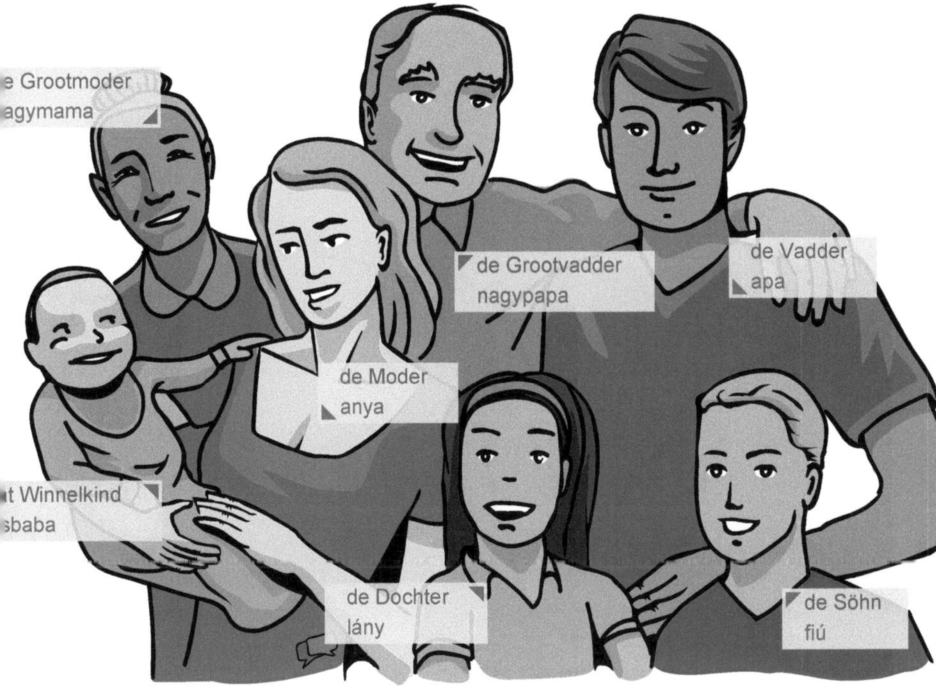

e Grootmoder
agymama
de Grootvadder
nagypapa
de Vadder
apa
de Moder
anya
t Winnelkind
sbaba
de Dochter
lány
de Söhn
fiú

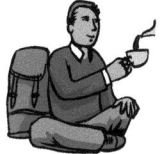

de Gast

vendég

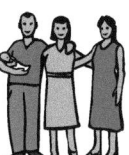

de Tant

nagynéni

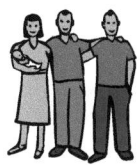

de Unkel

nagybácsi

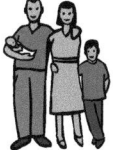

de Broder

fiútestvér

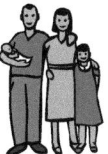

de Süster

lánytestvér

de Lief

test

de Vörkopp
homlok
dat Oog
szem
de Schuller
váll
de Finger
ujj
dat Gesicht
arc
dat Kinn
áll
de Hand
kéz
dat Been
láb
de Bost
mell
de Arm
kar

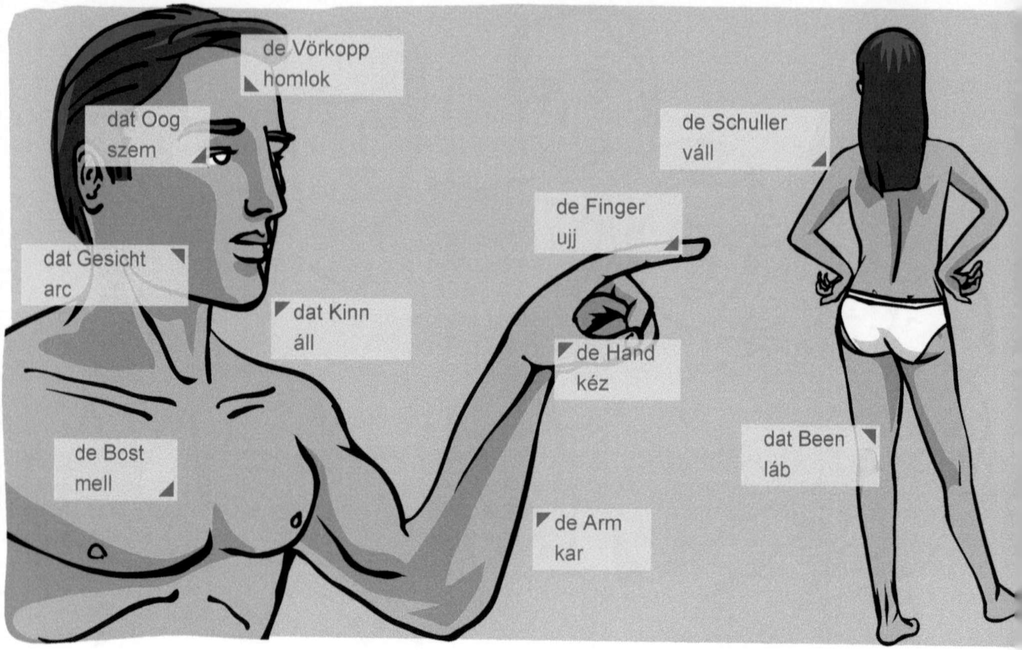

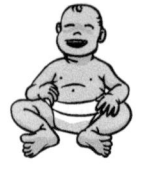

dat Winnelkind

kisbaba

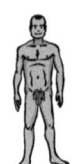

de Mann

ember

de Fro

nő

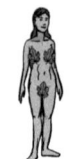

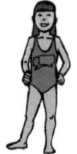

de Deern

lány

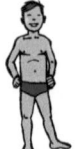

de Jung

fiú

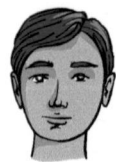

de Arm

fej

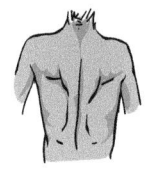

de Rüch

hát

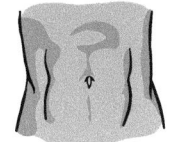

de Buuk

has

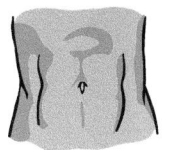

de Navel

köldök

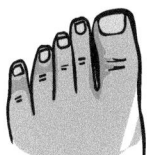

de Teh

lábujj

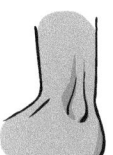

de Hack

sarok

de Knaken

csont

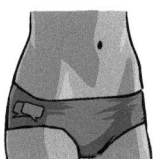

de Hüft

csípő

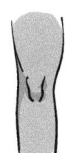

dat Knee

térd

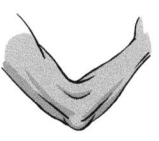

de Ellbagen

könyök

de Nees

orr

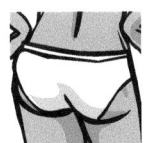

de Achtersen

fenék

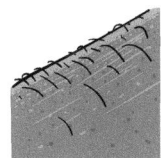

de Huut

bőr

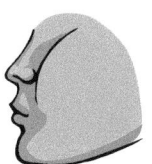

de Back

orca

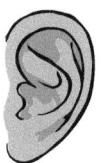

dat Ohr

fül

de Lipp

ajak

de Mund

száj

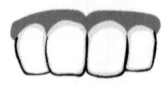

de Tähn

fog

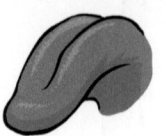

de Tung

nyelv

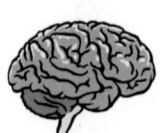

de Bregen

agy

dat Hart

szív

de Muskel

izom

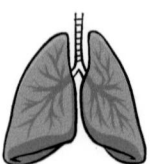

de Lung

tüdő

de Lever

máj

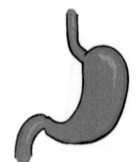

de Maag

gyomor

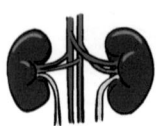

de Neren

vese

de Bislaap

szex

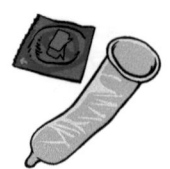

dat Kondoom

kondom

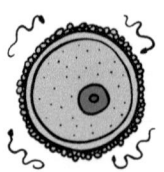

de Eizell

petesejt

dat Sperma

sperma

de Anner Ümstänn

terhesség

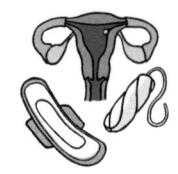

de Menstruatschoon

menstruáció

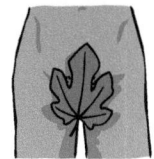

de Scheed

vagina

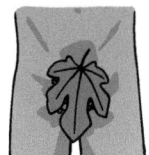

de Pint

pénisz

de Ogenbroe

szemöldök

dat Hoor

haj

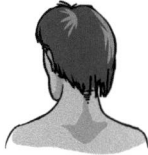

de Hals

nyak

dat Krankenhuus
kórház

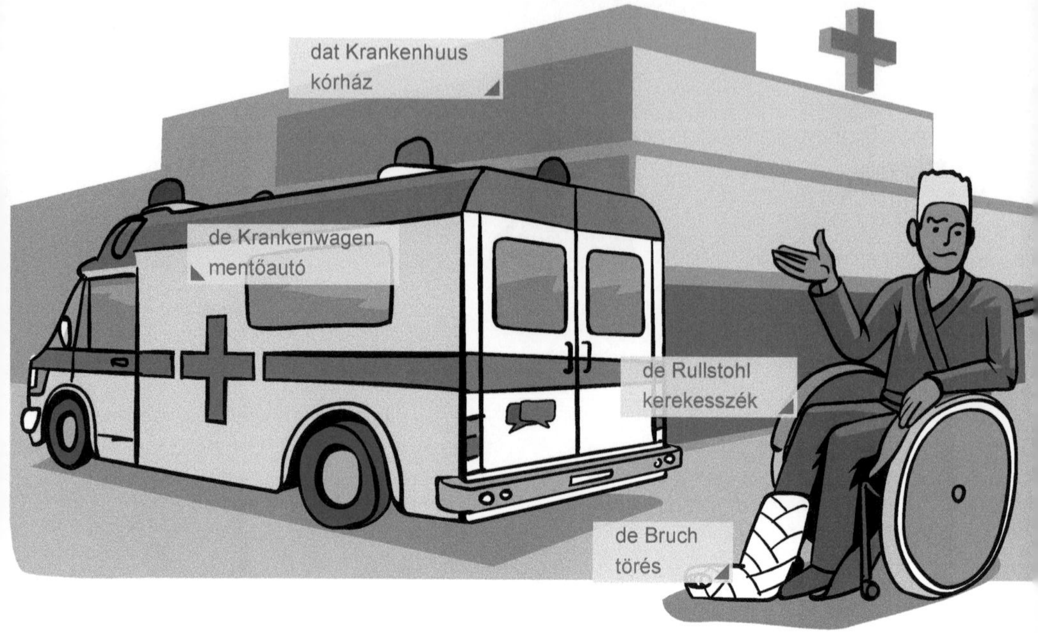

dat Krankenhuus
kórház
de Krankenwagen
mentőautó
de Rullstohl
kerekesszék
de Bruch
törés

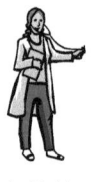

de Dokter

orvos

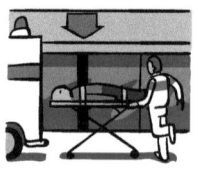

de Nootopnahm

sürgősségi osztály

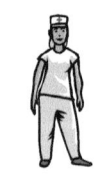

de Krankensüster

ápoló

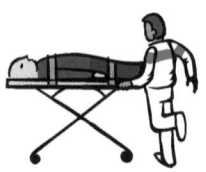

de Nootfall

vészhelyzet

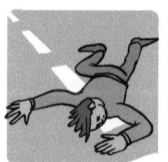

ahnmächtig

eszméletlen

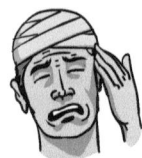

de Wehdaag

fájdalom

de Verwunnen

sérülés

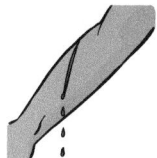

de Blöden

vérzés

de Hartinfarkt

szívroham

de Slaganfall

szélütés

de Allergie

allergia

de Hoosten

köhögés

dat Fever

láz

de Gripp

influenza

de Dörchfall

hasmenés

de Koppwehdaag

fejfájás

de Kreeft

rák

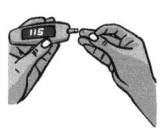

de Zuckersüük

cukorbetegség

de Chirurg

sebész

dat Chirurgsch Mess

szike

de Operatschoon

műtét

dat Krankenhuus - kórház

dat CT

CT

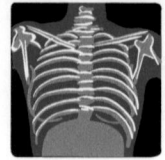

de Dörchlüchten

röntgen

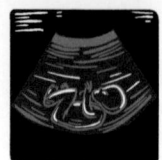

de Ultraschall

ultrahang

de Mask

arcmaszk

de Krankheit

betegség

de Töövruum

váróterem

de Krück

mankó

dat Plaaster

sebtapasz

de Verband

kötszer

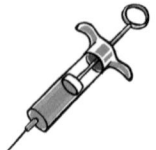

de Insprütten

injekció

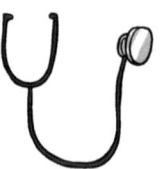

dat Stethoskop

sztetoszkóp

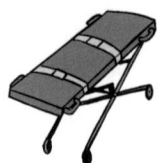

de Draag

hordágy

dat Feverthermometer

klinikai hőmérő

de Geboort

születés

dat Övergewicht

túlsúly

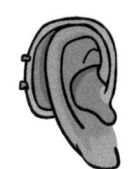

de Hööapparat

hallókészülék

dat Kiemfriemiddel

fertőtlenítöszer

de Ansteken

fertőzés

de Virus

vírus

dat HIV / AIDS

HIV/AIDS

dat Heelmiddel

orvosság

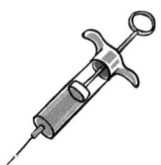

de Impen

oltás

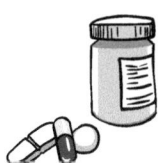

de Tabletten

tabletták

de Pill

tabletta

de Nootroop

sürgősségi hívás

de Blootdruck-Meter

vérnyomásmérő

krank / gesund

betegség / egészség

Hölp!

Segítség!

de Alarm

riasztás

de Överfall

rajtaütés

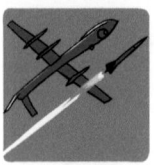

de Angreep

támadás

de Gefohr

veszély

de Nootutgang

vészkijárat

dat Füer!

tűz!

de Füerlöscher

tűzoltókészülék

de Unfall

baleset

de Noothölpkoffer

elsősegélycsomag

SOS

SOS

de Polizei

rendőrség

Europa

Európa

Noordamerika

Észak-Amerika

Süüdamerika

Dél-Amerika

Afrika

Afrika

Asien

Ázsia

Australien

Ausztrália

de Atlantik

Atlanti-óceán

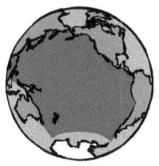

de Pazifik

Csendes-óceán

dat Indisch Weltmeer

Indiai-óceán

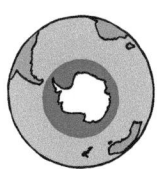

dat Antarktisch Weltmeer

Déli-óceán

dat Arktisch Weltmeer

Jeges-tenger

de Noordpol

Északi-sark

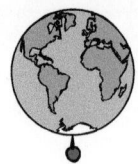

de Süüdpol

Déli-sark

de Antarktis

Antarktisz

de Eerd

föld

dat Land

szárazföld

de See

tenger

dat Eiland

sziget

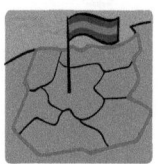

de Natschoon

nemzet

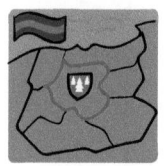

de Staat

állam

dat Tallenblatt

számlap

de Stunnenwieser

kismutató

de Minutenwieser

nagymutató

de Sekunnenwieser

másodpercmutató

Wo laat is dat?

Mennyi az idő?

de Dag

nap

de Tiet

idő

nu

most

de digetaalsch Klock

digitális óra

de Minuut

perc

de Stunn

óra

de Week
hét

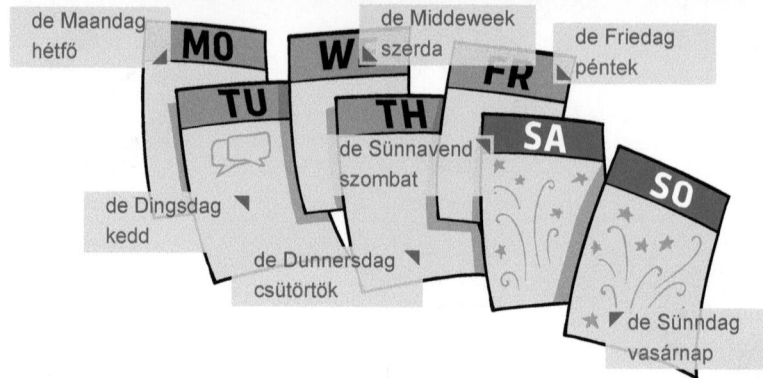

de Maandag
hétfő

de Middeweek
szerda

de Friedag
péntek

de Dingsdag
kedd

de Sünnavend
szombat

de Dunnersdag
csütörtök

de Sünndag
vasárnap

güstern

tegnap

hüüt

ma

morgen

holnap

de Morgen

reggel

de Meddag

dél

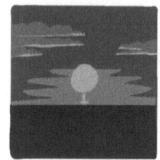

de Avend

este

MO	TU	WE	TH	FR	SA	SU
1	2	3	4	5	6	7
8	9	10	11	12	13	14
15	16	17	18	19	20	21
22	23	24	25	26	27	28
29	30	31	1	2	3	4

de Arbeitsdaag

hétköznap

MO	TU	WE	TH	FR	SA	SU
1	2	3	4	5	6	7
8	9	10	11	12	13	14
15	16	17	18	19	20	21
22	23	24	25	26	27	28
29	30	31	1	2	3	4

dat Wekenenn

hétvége

dat Johr

év

de Regenbagen
szivárvány
de Regen
eső
de Snee
hó
de Wind
szél
dat Fröhjohr
tavasz
de Harvst
ősz
de Sommer
nyár
de Winter
tél

4.APRIL 11°
5.APRIL 4°
6.APRIL 13°
7.APRIL 8°
8.APRIL 10°

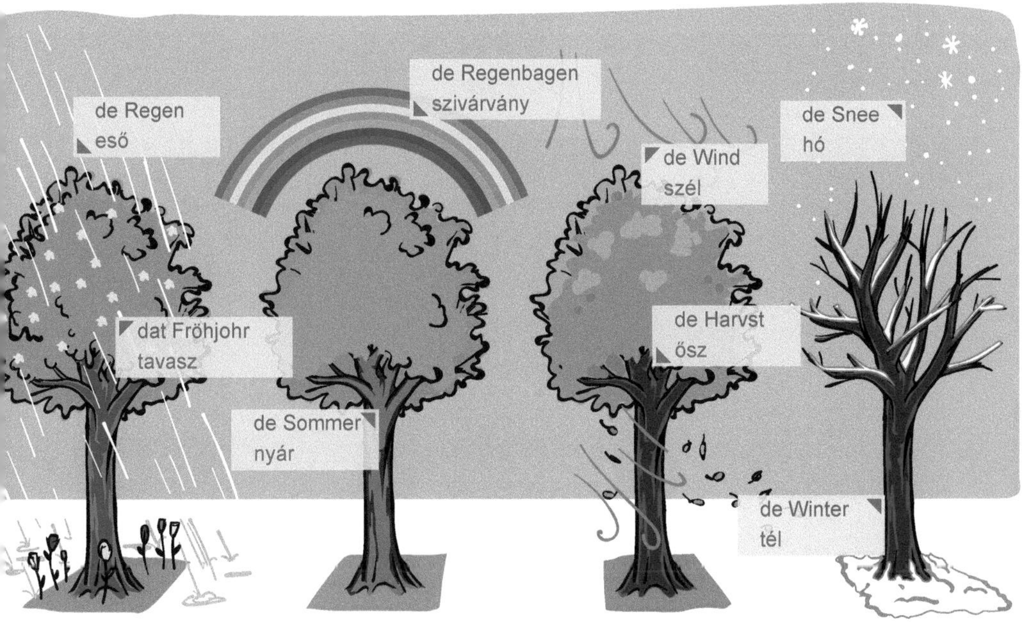

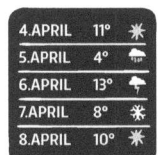

de Wedervörhersaag

....

időjárás előrejelzés

F C
120 40
90 30
60 20
30 10
0 0
-30 -10
-20

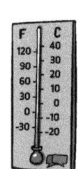

dat Thermometer

....

hőmérő

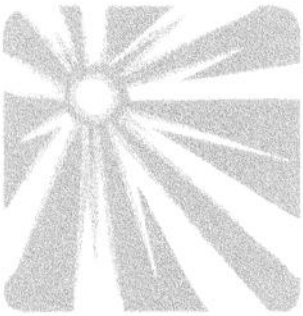

de Sünnenschien

....

napsütés

de Wulk

....

felhő

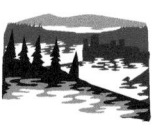

de Nevel

....

köd

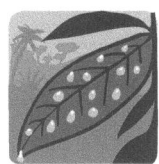

de Luftfuchtigkeit

....

páratartalom

de Blitz

villámlás

de Dunner

mennydörgés

de Storm

vihar

de Hagel

jégeső

de Monsun

monszun

de Floot

áradás

dat Ies

jég

de Januormaand

január

de Februormaand

február

de Martmaand

március

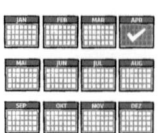

de Aprilmaand

április

de Maimaand

május

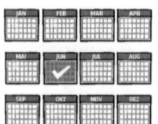

de Junimaand

június

de Julimaand

július

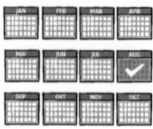

de Augustmaand

augusztus

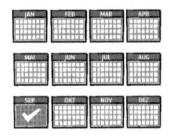 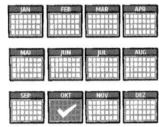 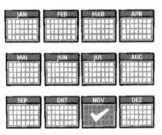

| de Septembermaand | de Oktobermaand | de Novembermaand |
| szeptember | október | november |

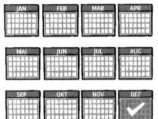

de Dezembermaand
december

| de Krink | dat Quadrat | dat Rechteck |
| kör | négyzet | téglalap |

 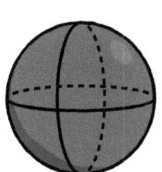 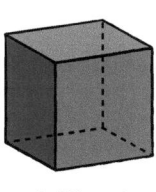

| dat Dreeeck | de Kugel | de Wörpel |
| háromszög | gömb | kocka |

witt

fehér

geel

sárga

orangsch

narancs

pink

rózsaszín

root

piros

lila

lila

blau

kék

gröön

zöld

bruun

barna

gries

szürke

swart

fekete

veel / wenig

sok / kevés

böös / verdreeglich

mérges / nyugodt

smuck / mies

szép / csúnya

de Begünn / dat Enn

kezdet / vég

groot / lütt

nagy / kicsi

hell / düüster

világos / sötét

de Broder / de Süster

fivér / nővér

schier / schietig

tiszta / koszos

kumpleet / nich kumpleet

teljes / nem teljes

de Dag / de Nacht

nappal / éjszaka

doot / lebennig

halott / élő

breet / small

széles / keskeny

geneetbor / nich geneetbor

ehető / nem ehető

böös / fründlich

gonosz / kedves

fickerig / langwielt

izgatott / unott

dick / dünn

kövér / vékony

toeerst / toletzt

első / utolsó

de Fründ / de Fiend

barát / ellenség

vull / leddig

teli / üres

hart / week

kemény / puha

swoor / licht

nehéz / könnyű

de Smacht / de Döst

éhség / szomjúság

krank / gesund

betegség / egészség

nich na't Recht / na't Recht

illegális / legális

klook / dummerhaftig

intelligens / buta

linkerhand / rechterhand

bal / jobb

neeg / feern

közel / távol

nieg / bruukt

új / használt

nix / wat

semmi / valami

oolt / jung

idős / fiatal

an / ut

be / ki

apen / slaten

nyitva / zárva

lies / luut

csendes / hangos

riek / arm

gazdag / szegény

richtig / verkehrt

helyes / helytelen

ruug / glatt

érdes / sima

trurig / glücklich

szomorú / vidám

kort / lang

rövid / hosszú

suutje / flink

lassú / gyors

natt / dröög

nedves / száraz

warm / köhl

meleg / hideg

de Krieg / de Freden

háború / béke

számok

0	**1**	**2**
null	een	twee
nulla	egy	kettő

3	**4**	**5**
dree	veer	fief
három	négy	öt

6	**7**	**8**
söss	söven	acht
hat	hét	nyolc

9	**10**	**11**
negen	teihn	ölven
kilenc	tíz	tizenegy

12

twölf

tizenkettő

13

dörteihn

tizenhárom

14

veerteihn

tizennégy

15

föffteihn

tizenöt

16

sössteihn

tizenhat

17

söventeihn

tizenhét

18

achtteihn

tizennyolc

19

negenteihn

tizenkilenc

20

twintig

húsz

100

hunnert

száz

1.000

dusend

ezer

1.000.000

million

millió

dat Engelsch

angol

dat Amerikaansch Engelsch

amerikai angol

dat Chineesch Mandarin

mandarin kínai

dat Hindi

hindi

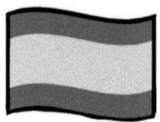

dat Spaansch

spanyol

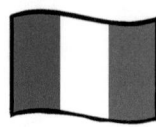

dat Franzöösch

francia

dat Araabsch

arab

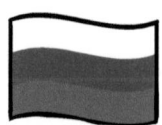

dat Rusch

orosz

dat Portugiesch

portugál

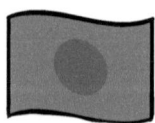

dat Bengaalsch

bengáli

dat Düütsch

német

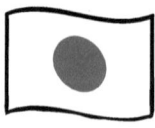

dat Japaansch

japán

ik

én

du

te

he / se / dat

ő

wi

mi

ji

ti

se

ök

keen?

ki?

wat?

mi?

woans?

hogyan?

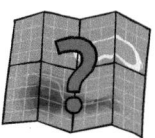

woneem?

hol?

wannehr?

mikor?

de Naam

név

achter

mögött

in

benne

vör

elötte

över

felette

op

rajta

ünner

alatta

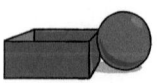

blangen

mellett

twüschen

között

de Oort

hely